# LE
# PÈLERINAGE DE PÉNITENCE

## A

# JÉRUSALEM

PAR

## Le C^te Henri de L'Épinois

SOCIÉTÉ GÉNÉRALE DE LIBRAIRIE CATHOLIQUE

**PARIS**
V. PALMÉ, Directeur général
76, rue des Saints-Pères, 76

**BRUXELLES**
J. ALBANEL, Direct. de la Succur.
12, rue des Paroissiens, 12

GENÈVE
Henri TREMBLEY, 4, rue Corraterie

—

1882

# LE PÈLERINAGE DE PÉNITENCE
# A JÉRUSALEM

## Son Esprit, ses Actes, ses Résultats.

Tout le monde a suivi par la pensée le grand pèlerinage populaire, conduit à Jérusalem par les religieux de l'Assomption et leur supérieur le R. P. Picard. Nous sommes heureux de publier à cette occasion le discours prononcé le 22 juillet, dans l'Assemblée générale des membres de l'Union catholique et sociale de Touraine, par M. le comte Henri de L'Épinois, un des pèlerins, nommé à Jérusalem commandeur de l'ordre du Saint-Sépulcre. On verra ainsi quel esprit a donné naissance au pèlerinage, quels ont été ses principaux incidents et quels résultats on peut en espérer.

MONSEIGNEUR, (1) MESSIEURS,

La tâche que notre digne et cher Président de l'*Union catholique* de la Touraine a voulu m'imposer aujourd'hui, est particulièrement difficile. Il est difficile de parler en quelques mots d'un pèlerinage à Jérusalem, il est plus difficile encore de parler devant ceux qui en ont déjà pieusement recueilli les diverses relations. Que dire, en effet, Messieurs, que vous ne sachiez déjà?... Aussi pour éveiller votre attention ne faudrait-il pas se lancer sur d'autres voies, et rappeler, par exemple, ce que la science d'un

(1) Mgr Colet, archevêque de Tours.

Saulcy, d'un Guérin, d'un comte de Vogué, nous a révélé sur les monuments de la Terre-Sainte?.... Dois-je être archéologue et parler des antiquités d'un pays où les ruines même ont péri *perierunt etiam ruinæ*, ou bien touriste enthousiaste, décrirais-je cette nature sévère, désolée, morte, sans ombre ni fraîcheur, il est vrai, mais avec de grandes lignes dans le paysage et ces montagnes aux teintes bleuâtres, splendidement colorées par les feux du soleil, sous le ciel lumineux de l'Orient?.... Non, non, Messieurs, ces révélations de la science et ces beautés de la nature ne satisferaient assurément pas votre légitime curiosité et, j'ose le dire, elles ne répondraient pas davantage aux émotions présentes de mon âme. C'est du Christ qu'il faut parler, c'est du Calvaire, c'est du Sépulcre, c'est des saints Lieux, où le Fils de Dieu est né, où il a vécu, où il est mort et où, glorieux et béni Rédempteur de l'humanité déchue, il a vaincu la mort. (*Applaudissements.*) (1)

Mais encore une fois les récits des pèlerins ont été si nombreux qu'il serait impossible d'y rien ajouter; aussi en refléchissant à ce que je pourrais dire pour ne pas entièrement tromper votre attente, il m'a paru que le mieux était de vous rappeler simplement ce que les pèlerins ont voulu et ce qu'ils ont accepté, d'indiquer ensuite en peu de mots ce qu'ils ont fait et comment ils ont apprécié la situation des œuvres catholiques en Terre-Sainte, puis de chercher les résultats probables de ce pèlerinage récemment accompli à Jérusalem par mille catholiques français. (*Mouvement.*)

Nous pouvons, Messieurs, sans qu'il soit nécessaire d'employer de phrases, caractériser en deux mots notre situation présente: L'Église et la France sont dans un moment d'inexprimable angoisse.

Calomniée partout, et partout jalousée, l'Église est humainement parlant dans la plus pénible des situations. Il en est

(1) Si on a indiqué les diverses marques d'approbation données à certains passages, c'est seulement pour montrer combien les idées et les sentiments exprimés rencontraient d'écho dans l'assemblée et unissaient ainsi à la pensée et au mérite du pèlerinage toutes les personnes présentes.

de même de notre patrie. Devenue la proie de ceux qui foulent aux pieds toute liberté, toute justice, tout honneur, elle a reçu et elle reçoit encore des coups dont elle se ressentira longtemps.:..., toujours peut-être! (*Sensation.*)

Chrétiens et français, nous avions le devoir de chercher à fléchir la colère de Dieu qui envoie ces malheurs pour le châtiment et pour l'épreuve. Après les désastres de 1870 et de 1871, il parut naturel de demander, par des prières publiques et par des expiations publiques, la grâce du pardon pour un peuple dont le crime premier était précisément de refuser à son Dieu un honneur et un culte public. De là, le vœu d'ériger à Paris une église dédiée au Sacré-Cœur, de là l'OEuvre de Notre-Dame de Salut, puis ces processions ou pèlerinages que la Vierge Marie avait réclamés, lors de son apparition, à Bernadette, dans la grotte de Massabielle.

Les pèlerinages se sont ainsi développés dans un double élan de foi et de patriotisme, et sur tous les chemins de France on a vu les multitudes se précipiter vers les sanctuaires vénérés: la Salette, Paray-le-Monial, Lourdes, ayant au cœur et sur les lèvres cette prière et ce cri de douleur: « Pitié, mon Dieu! C'est pour notre Patrie! » (*Applaudissements.*)

Je parais m'éloigner, Messieurs, et cependant j'arrive au cœur même de mon sujet.

Depuis dix ans, ce mouvement des pèlerinages ne s'est point ralenti: il s'est même développé, et cependant nos malheurs, loin de cesser, se sont accrus. La persécution s'est levée, a grandi, et chaque jour elle augmente d'intensité. Alors une pensée s'est naturellement présentée: Si Dieu ne se laisse pas fléchir, n'est-ce point que nos prières ne sont pas assez ardentes et que les expiations n'atteignent pas à la hauteur des forfaits? Sous quels cieux faut-il donc faire acte de pénitence et sur quels rivages faut-il aller prier? Et une voix a répondu: « Allons à Jérusalem! au tombeau du Christ, sur cette terre sacrée où le sang de Dieu a coulé. Là où de son plein gré il a racheté le monde, peut-être accordera-t-il mieux à nos supplications le salut de la patrie! (*Applaudissements.*)

Le pèlerinage populaire de pénitence, à Jérusalem, s'est alors formé, comme la conséquence et le couronnement des précédents pèlerinages à Lourdes et à la Salette. Béni par le Souverain Pontife, enrichi par lui d'indulgences et encouragé par de nombreux évêques, il a été aussitôt proposé aux fidèles.

Un navire pouvant contenir cinq cents passagers fut retenu ; en un instant, cinq cents personnes répondirent à l'appel.

Fallait-il clore la liste, complétée ainsi plus de deux mois avant le moment fixé pour le départ ? On ne le pensa pas, et on annonça bientôt qu'un second vaisseau pourrait emmener vers les rivages de l'Orient cinq cents nouveaux pèlerins. Cinq cents répondirent encore à l'appel. On dut s'arrêter, car il fallait compter avec les difficultés materielles dans un pays où les provisions. n'abondent pas, où les communications sont rares et difficiles et où, si les pèlerinages de vingt, de trente ou quarante personnes peuvent arriver à vivre assez convenablement, cinq cents devaient être seulement à peu près bien, et mille avaient la certitude d'être presque mal. (*Sourires.*)

Aussi toutes les considérations furent-elles mises en avant pour décourager les futurs pèlerins. « C'est une folie, nous disait-on, et le désir d'une imagination d'enfant ! » Puis on ajoutait : « Vous souffrirez beaucoup ! Vous étoufferez sous cinquante degrés de chaleur ! Vous aurez une mauvaise nourriture, des moyens de transport détestables ; le pays n'est point tranquille, vous serez attaqués... etc., etc. » (*Sourires.*)

Les plus tendres sollicitudes de l'amitié se joignirent aux inventions les plus singulières pour amener l'abandon du projet. Grâce à Dieu, il ne fut point abandonné, et si quelques-uns n'osèrent plus se faire inscrire, ceux qui avaient donné leur adhésion ne la retirèrent pas, car ils avaient la conscience d'accomplir un grand acte ; grand acte pour eux-mêmes, pour leur âme, grand acte pour leur patrie et grand acte pour l'Eglise. La seule présence des pèlerins en Orient ne devait-elle pas, à tout le moins, donner aux catholiques de ce pays un appui moral ? Ne pouvait-elle produire, en ces contrées, une impression dont la portée était incalculable, ou plutôt réjouissait déjà ceux qui savaient les motifs d'espérer ? En effet, Messieurs, si, depuis trente ans, vous avez suivi d'un œil quelque peu attentif les événements qui se sont passés de l'autre côté de la Méditerrannée, il ne vous aura pas été difficile d'apercevoir un certain travail dans les idées, et de penser que si l'Occident catholique venait à se rapprocher de l'Orient schismatique et musulman, on précipiterait un de ces mouvements, qui, à certaines heures voulues par Dieu, emportent les destinées des peuples vers les rivages de la vérité et de la grâce. (*Applaudissements.*)

Ainsi, Messieurs, prière et pénitence par les privations pour demander à Dieu les grâces particulières dont chaque pèlerin avait besoin ; prière et pénitence pour demander le triomphe de l'Eglise et le salut de la patrie ; désir aussi d'étendre en Orient les frontières de la vérité, de sauver des âmes et d'accroître en ces pays l'influence de la France ; telles étaient nos pensées, nos vœux et notre secret espoir. (*Bravo ! Bravo !*)

Cet espoir a-t-il été trompé et les actes des pèlerins ont-ils répondu à leurs pensées ? Ce que je vais avoir l'honneur de vous dire, Messieurs, sera la réponse à cette double question.

Il y a eu pendant notre pèlerinage des fatigues et beaucoup de fatigues, je ne le cacherai point, mais il ne faudrait pas cependant trop les exagérer ! il y a eu des privations et beaucoup de privations, il y a eu même des sacrifices. Eh bien ! fatigues, privations, sacrifices, ont été joyeusement acceptés. Par moments on pouvait penser et même dire entre soi qu'il y en avait peut être un peu trop, mais on en plaisantait et j'aime ce prêtre qui sur *la Picardie*, à la vue de ces couchettes placées, six de front sur deux de hauteur, sans séparation, sans rideaux, en un étrange dortoir, sombre et sans air, où l'on était si mal, et où l'on eut tant de mérites ! s'écriait en riant : « Ah ! si mon Evêque le savait ! Sûrement cela doit être défendu par les statuts diocésains. »

(*Rires*) Voilà de suite la note gaie et la preuve d'un esprit bien fait. Tels se montraient aussi ces jeunes gens, admirables d'entrain, pieux et aimables, passant la nuit sur un banc ou sur une table, toujours le sourire aux lèvres, et la bonté dans le cœur, avec leurs saillies de vieille gaieté française.

Quelques personnes, il est vrai, je le dirai tout aussi franchement, n'auraient pas dû venir, car il s'en est rencontré parmi nous plusieurs, à l'humeur chagrine, ou au caractère violent, trop disposées à ne supporter aucune discipline et à se plaindre de tout, dans un pèlerinage où il fallait surtout obéir et se mortifier. Ils s'imaginaient donc ces indépendants et ces délicats partir pour un voyage de pur agrément ! (*Sourires.*)

On a beaucoup dit également que ce pèlerinage n'était pas organisé et on en a fait un reproche à ses Directeurs religieux. Je ne discute pas sur l'organisation mais je demande : à qui la faute? et je réponds : si faute il y a, c'est à la Compagnie Transatlantique pour le voyage sur mer, à la Compagnie Cook pour le voyage sur terre : ces deux compagnies bien connues présentaient toutes les garanties, et c'est pourquoi on avait traité avec elles..... D'ailleurs tous ces désagréments dont on parle tant devaient en partie être prévus, et par conséquent acceptés d'avance.

Lorsqu'à Marseille, au retour du sanctuaire de Notre-Dame-de-la-Garde, des craintes se produisirent déjà au sujet de notre installation, et que des découragements se manifestèrent, le R. P. Picard n'hésita pas, dans la réunion faite à la Major à parler nettement des difficultés qui nous attendaient et des fatigues que nous allions endurer. « S'il y en a qui veulent retourner en arrière, qu'ils partent, s'écriat-il, car ceux qui continueront le pèlerinage doivent être, comme ils l'ont promis, obéissants en tout, et prêts à supporter généreusement privations et sacrifices. Répondez donc : êtes-vous prêts à obéir et à souffrir? — Oui, oui, répondirent à l'instant mille voix. — Etes-vous même prêts à accepter, s'il le fallait, le sacrifice de votre vie? êtes-vous prêts à mourir? — Oui, oui, » répondirent de nouveau les

pèlerins avec un indicible élan. (*Applaudissements*.) Si à Marseille nous fîmes ainsi ce serment, nous le renouvelâmes à
Nazareth, lorsque, en présence de nouvelles plaintes présen-
tées par quelques-uns, — toujours les mêmes, — le R. P.
Picard dans une véhémente allocution rappela avec le but
du pèlerinage, les privations et les souffrances inévitables
qui nous attendaient. « Etes-vous donc prêts à souffrir,
nous demanda-t-il encore, en terminant, et êtes-vous prêts
à mourir? » Plusieurs purent se taire, je ne sais, mais les
acclamations qui par deux fois couvrirent la parole du Religieux témoignèrent, d'un acquiescement général. La cause
du pèlerinage était gagnée. Moments solennels, émotion
sacrée qu'aucun de nous, Messieurs, n'oubliera jamais! Les
pèlerins se vouaient au sacrifice et de toutes les puissances
de leur âme ils acceptaient chrétiennement la pénitence,
pour la gloire de Dieu et le salut de la Patrie. (*Applaudis-
ments.*)

Je ne dis pas, Messieurs, que tous les pèlerins fussent
montés à ce degré d'abnégation et de générosité. Non assurément, car j'étais du nombre des pèlerins et je connais trop
les défaillances de mon âme, les secrètes trahisons de mon
cœur; mais, je l'affirme, la grande majorité des pèlerins
avait ces pensées. Aussi ce prêtre, M. l'abbé Chambaud,
qui, atteint d'une grave maladie du cœur et d'un rhuma-
tisme articulaire, s'était traîné cependant à Jérusalem, fut
l'interprète du sentiment commun, lorsque, après avoir reçu
les derniers sacrements dans les dispositions les plus édi-
fiantes, il rassembla ses forces pour se lever sur sa couche
de douleur, et s'écrier : « Je meurs pour la France! » Ce fut
sa dernière parole, avant de rendre à Dieu son âme, enno-
blie par ce cri du patriotisme, dans un suprême sacrifice.
(*Aplaudissements.*)

Cette pensée, Messieurs, —· je m'appesantis à dessein
parce que je crois signaler ici un des caractères du pèlerinage les plus intimes et les plus touchants. — Cette pensée
de la France et du sacrifice n'a pas quitté les pèlerins et elle
semblait tourmenter des cœurs. « Je désire être pris pour
la réparation, disait un pèlerin malade,... Je suis prêt de-

puis longtemps.. ne me cachez rien. N'est-ce pas que je serai une victime? » (*Sensation*.) Ainsi parlaient les âmes d'élite, et chaque jour, plusieurs fois par jour, l'Eglise et la France furent rappelées à nos intentions et à nos prières par les Religieux de l'Assomption, Directeurs du pèlerinage, qui, ici, comme partout, se montraient véritablement les hommes de Dieu. (*Bravo !*)

Le 27 avril, nous étions embarqués, et le 28 à l'aube naissante nous quittions Marseille. Ce départ ne fut pas sans grandeur. La prière du matin avait été dite à haute voix sur le pont où nous étions réunis, l'*Ave maris Stella*, le *Magnificat* avaient été chantés, puis, afin de ne pas gêner les commandements de la manœuvre, le silence s'était fait, et chacun recueilli, ému en face de l'inconnu qui se présentait, mais avec la conscience d'accomplir une grande chose, pesait dans son âme ces fortes pensées. Les ancres furent levées, les cordages tombèrent, et lorsque l'on sentit pour la première fois le vaisseau se balancer sur lui-même, la *Guadeloupe* commença à défiler lentement devant la *Picardie*. « Vive l'Eglise, vive le Pape ! » s'écria alors le R. P. Picard, et les pèlerins des deux navires, agitant leurs mouchoirs, pour multiplier à l'envi les signes de mutuel adieu, répétèrent d'une même voix : « Vive l'Eglise ! Vive le Pape ! » — « Vive la France ! » cria le R. P. Picard, et cette acclamation, renouvelée par lui trois fois, fut par trois fois répétée. Comme pour affirmer la fidélité de notre pensée le cri de : « Vive la Pénitence ! » vint indiquer aussi le but du pèlerinage. Enfin une dernière parole retentit : « Dieu le veut ! » et les mille pèlerins redirent avec enthousiasme aux échos étonnés des rivages de la Provence le vieux cri des Croisades. (*Applaudissements.*)

Nous étions en route. Un violent mistral soulevait les vagues qui parfois venaient en écume balayer le pont du navire. En moins d'une heure, il y eut, — vous le croirez sans peine, — des scènes désolantes. Ce fut un tribut beaucoup trop généreusement offert aux flots en furie (*Sourires*); mais enfin, après avoir été un peu bousculés pendant vingt-quatre heures, nous vîmes la mer s'apaiser et le vaisseau continuer sa course sur des eaux tranquilles. Chacun reprit à peu près sa vie ordinaire et fit connaissance avec ses compagnons de pèlerinage. Il y avait parmi eux les représentants des Evêques français et les représentants des ordres religieux. Le Directeur avait mis en effet des billets à la disposition de Nos Seigneurs les Evêques et des Supérieurs d'Ordres. Aussi Bénédictins, Carmes, Dominicains, Franciscains, Capucins, Jésuites, Eudistes, Lazaristes, Rédemptoristes, Maristes, etc.,etc... étaient au milieu de nous, formant au-dessus des laïques et au milieu des prêtres, une magnifique couronne. C'était, vous le reconnaîtrez, Messieurs, une pensée bien catholique de convoquer ainsi à ce pèlerinage populaire de pénitence, les Evêques c'est-à-dire les Docteurs de l'Eglise, les religieux c'est-à-dire les confesseurs qui, expulsés de leurs couvents, venaient de souffrir persécution pour la foi. Je ne sais si jamais réunion semblable avait eu lieu en dehors des Conciles. (*Mouvement.*)

Toutes les classes et toutes les conditions de la Société se trouvaient représentées parmi les pèlerins. Il y avait des propriétaires et des ouvriers, des artisans, tisseur de soie, horloger, serrurier, boulanger, etc., voire même un pâtissier (*sourires*); riches et pauvres étaient réunis et se donnaient cordialement la main ; comment vouliez-vous qu'il en fût autrement ? il y avait entre nous tant de pensées communes et par suite une telle fraternité ; en voici une preuve : deux cultivateurs d'Auvergne, un frère et une sœur, déjà âgés, avaient vendu leur unique vache pour acquitter les frais du voyage ; à peine savaient-ils où était Jérusalem, mais ils étaient partis pour prier et pour souffrir. On connut leur histoire et la pensée vint à un passager de la *Picardie* de faire une collecte pour indemniser ces braves gens. Elle fut suffisante et en débarquant à Marseille, on télégraphia au curé de leur village d'acheter immédiatement une vache, afin qu'à leur retour ils pussent la trouver installée dans leur étable. (*Applaudissements.*)

Les huit journées de navigation furent bien remplies par les exercices de piété : messes nombreuses célébrées sur le pont où dix autels avaient été dressés, rosaires récités matin et soir, chemins de croix prêchés, puis, à la nuit tombante la prière publique, la bénédiction du Saint-Sacrement et le mois de Marie avec chants accompagnés par le piano et le violoncelle, — car nous avions piano et violoncelle ! — scènes touchantes, remplies de poésie, alors que la lune, brillant à travers les mâts et les cordages, nous inondait de sa douce lumière et traçait sur la mer un large rayon d'argent. Puis c'étaient des cérémonies spéciales, comme une première communion d'un matelot et de deux mousses, la bénédiction du navire et de l'immense croix en bois d'olivier donnée par M. Bounin, qui devait l'orner. Dans le sermon prononcé en cette circonstance à bord de la *Picardie*, nous apprîmes sur le compte de notre navire de jolies choses ! Il avait mené d'abord d'Algérie en Egypte des musulmans qui se rendaient à la Mecque, puis il avait été joué par son propriétaire sur une carte à Monaco ; vendu à la Compagnie des Transports Maritimes, puis, par celle-ci à la Compagnie transatlantique ; hier il avait servi à ramener de Nouméa les insurgés de la Commune, aujourd'hui il conduisait à Jérusalem les pèlerins catholiques. (*Mouvement.*) Le R. P. Marie Antoine qui parla à cette occasion, éleva les âmes à une grande hauteur et M. de Belcastel eut ensuite de nobles accents pour renouveler le serment de défendre partout et toujours la croix du Christ. Pendant la cérémonie, une colombe vint voltiger sur les agrès du navire. C'était un doux présage ; elle resta notre compagne fidèle et fut chantée en des vers charmants que vous avez tous lus sans doute dans le journal le *Pèlerin*.

Ces exercices de piété étaient entremêlés de joyeuses et bonnes conversations pendant que les uns faisaient de la musique ou que d'autres écoutaient les vers récités par un poète chrétien, M. le comte de Coupigny ; de toutes parts on rencontrait des esprits distingués et de belles âmes dont on respirait le parfum.

Lorsque nous fûmes en vue de Malte, le P. Picard n'oublia pas de nous demander une prière, pour ceux qui, à ces avant-postes de la chrétienté, soldats volontaires pour repousser des attaques ennemies, avaient su combattre et mourir. Vingt-quatre heures après, les eaux devinrent plus transparentes, le ciel sembla plus lumineux : nous étions en Orient.

Le débarquement se fit à Caiffa, petite ville à l'extrémité de cette baie de Saint-Jean-d'Acre, dont le nom évoque en même temps dans le souvenir, les gloires et les infortunes de l'Eglise et de la patrie. Chaque pèlerin en abordant à son tour le rivage se mit à genoux et baisa respectueusement la terre : c'était la Terre sainte ! (*Mouvement.*)

La Vierge de Notre-Dame de la Garde avait reçu en France notre dernier adieu ; ce fut à Notre-Dame du Carmel qu'en Palestine nous adressâmes notre première prière. Pouvions-nous prendre une meilleure protectrice, car c'est au Mont Carmel, vous le savez, que le scapulaire a été donné comme livrée des enfants de Marie, et pouvions-nous, au début de notre voyage, jouir d'une plus belle vue, car, bâti sur un promontoire élevé que la mer baigne de deux côtés, le couvent dont nous remplissions les chambres, les corridors, les cours, est dans une admirable position. Nous campâmes ainsi un jour et demi et le surlendemain onze cents chevaux, mulets ou ânes, s'échelonnaient sur le chemin de Caiffa à Nazareth ; des drogmans et des moukres aux ordres du bon et savant F. Liévin de Hamme, dirigeaient la marche ; çà et là étaient quelques chariots et des cacolets pour les femmes âgées, ou peu confiantes en leur talent d'écuyères novices. Il fallait voir l'accoutrement des pèlerins avec leurs manteaux blancs et leurs chapeaux de formes bien diverses, couverts de voiles flottant sur les épaules ; il fallait voir les bêtes, portant faute de selles, — il y en avait un trop petit nombre — des bâts, des couvertures et jusqu'à des matelas sur lesquels plusieurs allaient se hucher et se tenir en équilibre ; tous n'avaient pas d'étriers, ni même de mors, ni mêmes de brides, beaucoup les avaient à peu près remplacés par des cordes ! (*Rires.*) C'était pittoresque après tout de nous voir défiler ainsi sur une longueur de six kilomètres ! Vu de près, le spectacle était peut-être un peu grotesque, à ce point que, comme les augures d'autrefois, rarement deux pèlerins pouvaient se regarder sans rire.

Mais on riait et dans les cas dificiles on faisait gaiement contre mauvaise fortune bon cœur. (*Rires, Bravo!*) N'allait-on pas à Jérusalem et d'abord à Nazareth ?

Quelles émotions, Messieurs, les pèlerins éprouvèrent dans cette calme et gracieuse bourgade, à la place où Marie fut saluée par l'Ange, à la fontaine où elle vint puiser l'eau, et dans ces rues vraiment consacrées par la présence du divin Enfant !

Cinq cents pèlerins revinrent de Nazareth à Caiffa pour prendre la mer et revenir par Jaffa à Jérusalem : cinq cents autres commencèrent à travers la Galilée et les montagnes de la Samarie, ce voyage miraculeux, a-t-on écrit, et il le fut vraiment, où par les sentiers les plus dificiles, sur les montures que nous avons décrites, plus ou moins commodément harnachées, passant huit ou dix heures en selle, exposés aux ardents rayons du [soleil, souffrant ainsi de la chaleur, de la soif, et peut-être d'autre part, malgré des chutes fréquentes et de nombreux coups de pied d'animaux, les pèlerins ne laissèrent ni un blessé, ni un retardataire. (*Bravo.*) « Si on avait mené par de pareils chemins, et en de telles conditions, un régiment, nous disait un ancien officier de cavalerie, il y aurait eu au moins cent cinquante traînards. »

Je ne raconterai point, Messieurs, ce voyage à travers la Samarie qui, là-bas, restera légendaire : Je rappellerai seulement ces messes célébrées en plein air, sur un autel improvisé au milieu des tentes, devant les pèlerins agenouillés et en présence des musulmans attirés par la curiosité, mais toujours respectueux. Il y avait six siècles, depuis les temps de Guy de Lusignan, que le sang du Sauveur n'avait pas ainsi coulé en ce pays, n'y avait pas été ainsi adoré ; or, nous venions précisément en Samarie pour empêcher une plus longue prescription et pour rétablir une tradition chrétienne dans ces campagnes où Notre-Seigneur avait passé, à Djennin où il guérit les dix lépreux, à Naplouse où il convertit saint Jean, près de ce puits de Jacob où il s'entretint avec la Samaritaine... Partout nous étions en plein Evangile. (*Sensation.*) Ajoutez, que le long de la route nous entendions nommer et nous apercevions le Thabor et le mont Gelboé, Naïm, Jehzrahel, Béthulie, Samarie, etc., noms que, dès l'enfance nous sommes habitués de prononcer à l'égal des plus illustres du monde.

Le vendredi à cinq heures du soir, huit jours après notre débarquement à Caiffa, nous étions en vue de Jérusalem. Les coupoles de la ville sainte, ses maisons et son enceinte fortifiée se détachaient sur les coteaux, découpés eux-mêmes fortement sur un ciel profond, et au loin on apercevait les lignes azurées des montagnes qui entourent la mer Morte. Quel spectacle, Messieurs! Nous nous découvrîmes avec respect et, sur un mot du R. P. Picard, le P. Germer Durand entonna d'une voix vibrante le *Lætatus sum in his quæ dicta sunt mihi... stantes erant pedes nostri in atriis tuis, Jerusalem, etc....* les Pèlerins des premiers groupes bientôt réunis continuèrent le chant du Psaume. (*Mouvement.*)

Nous vîmes alors arriver M. de Moidrey, le zélé promoteur de ce pèlerinage, installé depuis deux mois en Palestine pour tout disposer. M. de Moidrey présenta au R. P. Picard le Révérendissime Père Custode des Franciscains, le supérieur des Frères de la doctrine chrétienne, le consul de France, etc., et d'autres personnes venues à notre rencontre pour faire honneur au pèlerinage. L'excellent Père Léon, toujours si actif et si dévoué, était déja près de nous. Jugez de leur joie, ils avaient cru le passage de la Samarie impossible pour une troupe de cinq cents pèlerins, ils avaient prié et supplié de ne pas s'y engager : « Vous courez à un désastre », avaient-ils écrit : il s'attendaient donc à trouver parmi nous des malades, des blessés, des morts peut-être, et nous arrivions tous! (*Mouvement.*) Bientôt deux piquets de soldats turcs à cheval et à pied vinrent présenter les armes au R. P. Picard et lui firent cortège. Puis, nous rencontrâmes, rangés sur deux rangs, les pèlerins venus par mer et depuis deux jours déjà à Jérusalem. Nous descendîmes alors de cheval à cinq cents mètres de la porte de Jaffa et nous formant, nous aussi, en procession au milieu d'une nombreuse population surprise, étonnée, le drapeau de la France flottant en avant de nous, la bannière de la croix déployée, nous franchîmes au chant du *Vexilla Regis prodeunt* et de l'*Ave maris Stella* les vieux murs crénelés de Jérusalem. (*Applaudissements.*)

Comme notre cœur battait d'émotion et de fierté en reprenant ainsi les traces des Croisés et en ramenant triomphalement la Croix dans ces rues et sur ces places où, depuis tant de siècles, elle n'avait pas paru ! (*Applaudissements.*) La nuit tombait lorsque nous franchîmes le seuil du Saint-Sépulcre. Tous nous nous agenouillâmes, en entrant, pour imprimer nos lèvres sur cette pierre de l'Onction, où le Sauveur fut posé sanglant, et rangés ensuite autour du saint tombeau, nous achevâmes cette journée par le chant du remerciement et de la reconnaissance, le *Te Deum.*

Messieurs, permettez-moi d'ouvrir ici une parenthèse et vous me le pardonnerez lorsque vous saurez comment ce jour-là même ma pensée se reporta soudain vers la Touraine et vers vous. Au premier rang des bannières portées à notre rencontre se trouvait celle de la sainte Face : or, comment était-elle arrivée à Jérusalem ? Je m'en enquis avec curiosité et voici ce que j'appris : je vous répéterai simplement ce qui m'a été dit. Alphonse Ratisbonne, le juif converti à Saint-André-delle-Frate, de Rome, devenu prêtre catholique, avait été atteint de surdité. Il vit à Tours M. Dupont : tous deux prièrent devant la sainte Face et les onctions d'huile furent faites ; cependant l'abbé Ratisbonne se retira sans avoir éprouvé aucun soulagement ; mais pendant le trajet qui sur la voie ferrée le ramenait près des siens, il sentit bientôt l'ouïe revenir ; il était guéri, et c'est en souvenir de sa guérison qu'il porta à Jerusalem, il y a quinze ans, cette bannière de la sainte Face, si vénérée parmi vous, tenue ce jour-là dans la procession par un ancien habitant de Tours (1). (*Mouvement.*)

Je reviens à mon sujet, Messieurs. Mais pour vous parler de nos courses et de nos joies à Jerusalem, il faudrait vous décrire la ville sainte et vous conduire à tous ses sanc-

---

(1) D'après un renseignement postérieur cette bannière aurait été déposée par des pèlerins belges.

tuaires, au Calvaire et au Sépulcre où les bras en croix nous avons chanté tous le *Parce Domine, parce populo tuo,* à la grotte où fut trouvée la croix, et à celle de Gethsemani si touchante parce qu'elle conserve intacts sa voûte et ses parois de rocher, témoins muets de cette agonie où le Sauveur sua le sang et l'eau. Il faudrait descendre au tombeau de la Vierge Marie, monter au jardin des Oliviers et plus haut encore au lieu où les disciples écrivirent le *Credo,* à celui où Notre-Seigneur enseigna le *Pater.* Sur le sommet de la montagne un ancien petit oratoire, transformé en mosquée désigne la place où eut lieu l'ascension. Le jour de la fête, comme en vertu de traités la messe peut y être célébrée dès le lever du soleil, elle fut chantée à trois heures, et de quatre heures à dix heures, quatre cents messes, dites successivement à quarante autels élevés en plein air, ou le long du cloître qui précède le couvent des Carmélites, imprimèrent à cette solennité un caractère particulièrement grandiose. Tous les pèlerins vinrent ce jour-là sur ce mont des Oliviers où dix-huit siècles auparavant les disciples du Sauveur étaient aussi réunis.

Sur le mont Sion, nous avons vu la maison d'Anne et de Caïphe, qui rappelle les premières scènes de la passion et le Cénacle où fut instituée l'Eucharistie, où le Saint-Esprit descendit sur les Apôtres, ancienne Église bâtie par les Croisés, aujourd'hui occupée par les Musulmans. Car il en est ainsi, Messieurs, dans la Terre-Sainte, le cœur est froissé à chaque instant, en voyant nos plus augustes sanctuaires possédés indûment par les infidèles, ou par les Grecs qui nous les ont ravis. (*Mouvement.*) Il fut donc impossible, le jour de la Pentecôte, de célébrer la messe au Cénacle et il fallut se contenter de la dire auprès de ses murs, au milieu des tombes qui couvraient le sol. Scène particulièrement touchante, car Notre-Seigneur était là sur l'autel au milieu de nous, et il semblait attendre qu'on lui ouvrît la porte de la salle où déjà il avait célébré la Cène avec ses disciples, mais dont l'entrée lui était à présent refusée. (*Sensation.*)

Les sanctuaires des environs de Jérusalem avaient aussi leurs attraits : On aimait à se rendre de l'autre côté de la montagne des Oliviers jusqu'à Béthanie où eut lieu la résurrection de Lazare. Le corps déjà en décomposition, *jam fœdet* se ranima pourtant et alors reportant notre pensée vers la France, nous nous demandions si elle aussi allait revivre retrouvant la foi, qui en elle s'évanouit et s'éteint. Mais Jésus aimait Lazare, *Diligebat Jesus Lazarum*; or qu'a fait la France pour être aimée de Jésus? (*Mouvement.*)

Très peu de pèlerins allèrent jusqu'à Emmaüs sur ce chemin, où lorsque Jésus parlait à ses disciples leur cœur était tout brûlant, mais un grand nombre se rendirent à Saint-Jean où la Vierge visita Élisabeth, tous vinrent à Bethléem qui est seulement à sept kilomètres de Jérusalem; aussi chaque jour des pèlerins allèrent y célébrer ou y entendre la messe. Il était juste qu'une des cérémonies solennelles du pèlerinage y eut lieu. Un jour fut indiqué : dès six heures du matin, les pèlerins arrivés les uns la veille, et les autres le matin, se rendirent en procession, de l'orphelinat de dom Belloni à l'entrée de Bethléem jusqu'au couvent des Franciscains à l'autre extrémité. La musique des élèves exécuta ses plus beaux morceaux qui alternèrent avec le chant des cantiques, des hymnes et des psaumes. Nous traversâmes ainsi toute la ville dont les habitants à l'air si sympathique, aux pittoresques costumes, étaient admirablement groupés sur les places et sur les terrasses des maisons disposées en amphithâtre. La messe ne put être chantée dans la vieille basilique bâtie par la mère de Constantin au-dessus de la crèche. Elle appartient aux Grecs. Mais chacun de nous put s'agenouiller dans la grotte de la Nativité et, dans celle de l'adoration des Mages, puis dans les grottes voisines de Saint-Eusèbe de Crémone, de Saint-Jérôme, de Sainte-Paule, etc., aussi la visite à Bethléem est restée pour chacun des pèlerins un de ses meilleurs souvenirs.

Vous comprendrez aussi, Messieurs, le sentiment qui attirait à Jérusalem, vers cette voie douloureuse qui, sur une longueur de six cents mètres, s'étend en quatre ou cinq tronçons, de l'antique forteresse Antonia jusqu'au saint Sépulcre. Chaque jour des pèlerins y faisaient leur chemin de croix, mais le vendredi à trois heures la cérémonie était plus solennelle. Quinze ou vingt personnes, suivies de nombreux fidèles, portaient alors de station en station les grandes et lourdes croix qui avaient été bénites pendant la traversée, et plantées à bord des vaisseaux. Voyez-vous, Messieurs, dans ces rues où Notre-Seigneur a succombé sous le poids de l'instrument de son supplice, voyez-vous les pèlerins lui demander publiquement pardon, baiser humblement la terre, et en se frappant la poitrine reprendre avec un indicible amour ses traces sanglantes. « Crucifiez-le, crucifiez-le, » avait crié le peuple sur les pas du Sauveur et la foule des pèlerins répondait à ce cri déicide par ceux cent fois répétés de : « Vive Jésus ! vive sa croix ! » (*Applaudissements.*)

Tels sont, Messieurs, quelques-uns des incidents de notre séjour en Terre-Sainte.

Vous comprendrez sans peine les émotions que nous avons éprouvées : nul ne songeait à s'en défendre, et si vous voulez savoir le souvenir que nous en avons tous gardé, je vous lirai ce passage d'une lettre que j'ai reçue il y a trois jours : « Nous avons fait, m'écrit-on, une neuvaine à Notre-Dame-du-Mont-Carmel... Mais où est le Mont-Carmel, où sont les grottes des prophètes, où est la mer, où sont nos vaisseaux ; Caïffa, Saint-Jean-d'Acre dans le lointain, nos lits de pierre, nos tables de gazon, nos chants, nos compagnons de prière, de joie et de fatigue, cette bonne et douce terre de Palestine où les rochers ont encore leurs attraits et les pierres leurs paroles les plus touchantes ? Tout cela est bien loin, mais bien près du cœur ; avec leur lointain les souvenirs de Terre-Sainte semblent entrer plus avant dans l'âme et s'y dilater pour y prendre une place immense. » Et mon ami, — qu'il me permette de lui donner ce nom— ajoute : « Il y en a pour toute la vie ! » (*Mouvement.*)

Je ne vous dirai rien de plus, Messieurs, car vous avez lu tous les détails de nos réunions publiques chaque matin et chaque soir à un des sanctuaires, au Patriarchat, à Sainte-Anne, à Saint-Pierre..., mais la méditation solitaire au pied de la Croix, au Calvaire, ou devant le sépulcre, ou à la grotte de Gethsemani, ah! qui en dira les mystères et les inoubliables impressions ! (*Applaudissements.*)

Libre après cela à un voyageur d'exposer dans une revue célèbre (1), comme il l'a fait récemment, les impressions différentes qu'il a éprouvées, dit-il, pendant son séjour à Jérusalem ; libre à lui de « s'étonner des idées étranges qui hantent l'esprit des pèlerins » et de regretter que les délicieuses légendes de l'Evangile aient pris corps, se soient matérialisées et localisées pour ainsi dire à Jérusalem, » il peut être de bonne foi, mais il ignore,qu'on me permette de le dire, un peu en connaissance de cause, il ignore complètement et l'histoire et l'archéologie éclairée par l'histoire. S'il parle ensuite des « révoltes de l'âme et des objections invincibles du bon sens contre l'authenticité des sanctuaires » il montre par son « dégoût », — c'est l'expression employée—qu'il ne comprend pas davantage les évidences de la raison et les besoins du cœur, puisque justement c'est la plus haute philosophie et la critique historique la plus rigoureuse qui viennent mettre à néant ces objections vingt fois produites par la haine, mais vingt fois aussi réfutées par la science. Victime de préjugés dont il ne peut se défendre, un voyageur croit ainsi se grandir lorsqu'il tombe dans le scepticisme et la négation après avoir jeté l'ironie sur la Religion, où ses pères avaient trouvé l'honneur, mais dont la seule pensée aujourd'hui l'importune, le froisse, et peut-être l'épouvante. (*Applaudissements.*)

Après vingt jours passés à Jérusalem il fallut partir. Je ne vous dirai point, Messieurs, quel fut le dernier adieu, vous le devinerez. La *Guadeloupe* quitta Jaffa le 30 mai au matin, la *Picardie* le 31 à huit heures du soir.

Si, pendant la première traversée, nous n'eûmes aucun accident à déplorer, il y eut au retour de tristes moments. Deux prêtres moururent sur la *Guadeloupe,* un prêtre et un frère religieux des Augustins de l'Assomption moururent sur la *Picardie*. Pèlerins comme nous, ils étaient devenus comme de notre famille,et près d'eux en cet instant suprême

(1) *Revue des Deux-Mondes,* 15 mai et 15 juin 1881.

nous remplacions leurs parents, peut-être une mère! Puis rien n'est plus saisissant que ces prières des morts récitées à bord d'un navire, ce corps enveloppé du drapeau de la France en guise de linceul, cet arrêt soudain du navire, pour la dernière bénédiction, ce silence, puis cet ensevelissement dans les flots. (*Sensation.*)

Le 8 juin, nous débarquâmes à Marseille et allions nous agenouiller à Notre-Dame de la Garde. Dans l'après-midi, il y eut une réunion générale des pèlerins à la Major. On y récita pour l'Église, pour la France, pour les intentions diverses que chacun avait portées à Jérusalem, une dernière prière en commun. Après quarante jours passés ensemble, dans la plus grande intimité, on ne se sépara pas sans tristesse. Le pèlerinage était accompli.

Je me hâte, Messieurs, car je voudrais vous indiquer en quelques mots quelle est, à Jérusalem, la situation des catholiques vis-à-vis celle des Grecs, des Protestants et des Juifs. Cette exposition aura sans doute quelque intérêt et mènera naturellement à des conclusions pratiques.

Après la suppression du Patriarchat latin de Jérusalem, les Religieux Franciscains établis près des lieux saints par saint François d'Assise lui-même, y sont toujours restés pour défendre contre la violence des Turcs et les envahissements des Grecs les anciens droits des Catholiques. La Custodie de Terre-Sainte a dans l'histoire un nom justement glorieux, car il est synonyme de foi, de dévouement, d'héroïsme et de martyre. (*Très bien! très bien!*) Le Souverain Pontife Pie IX, qui avait si bien l'intuition des besoins du temps et ne perdait aucune occasion de promouvoir les idées catholiques, Pie IX a rétabli en 1847 le Patriarchat de Jérusalem, puis de nouveaux ordres religieux ont été introduits à côté des Franciscains qui avaient eu jusqu'alors le monopole, pour ainsi dire, des OEuvres en Terre-Sainte. Ce n'est qu'un commencement, mais la voie est ouverte, les OEuvres appellent les OEuvres ; c'est la vie qui se répand, c'est l'avenir qui se prépare. (*Mouvement.*)

Qu'a-t-on fait pour conserver les Sanctuaires et pour protéger les Chrétiens ? Qu'a-t-on fait pour donner aux populations l'éducation et l'instruction ?

Les Religieux Franciscains, je l'ai dit, sont demeurés les gardiens, fidèles jusqu'à la mort, de ces lieux saints que l'Europe chrétienne avait voulu conquérir à l'Église. Lorsque le sang n'a pas coulé — et on compte deux mille martyrs, — ce fut toujours au prix d'incessantes fatigues que les Pères Franciscains ont conservé et entretenu les Sanctuaires, car ils en sont les administrateurs, et une partie d'entre eux vont en outre comme missionnaires convertir les infidèles et les schismatiques. Ce sont aussi les Franciscains qui reçoivent les pèlerins de toute nation et paient les contributions extraordinaires prélevées par les Turcs sur les Chrétiens, ainsi que la capitation due par les Latins à la place de l'impôt du sang. Ils se recrutent parmi les religieux d'Europe et dans leur collège apostolique de Saint-Jean, près de Jérusalem ; ils élèvent également ceux qui doivent continuer leurs labeurs. Le Patriarche, de son côté, a fondé, en 1855, à Beitjalla, un Séminaire où des jeunes gens, dont la moitié est indigène, se préparent au sacerdoce. Il y a en ce moment quarante prêtres directement attachés au Patriarchat ; une quinzaine de paroisses sont desservies, sans compter les douze ou quinze Sanctuaires occupés par les Franciscains où il y a également des paroisses.

S. Eminence le cardinal de Lavigerie a établi à Sainte-Anne une école de hautes études pour les langues orientales, vrai séminaire pour les Grecs catholiques, où se préparent les missionnaires.

Les enfants ont toujours été l'objet des plus grands soins : partout où les Franciscains avaient une église, ils ouvraient une école. Depuis trois ans leurs écoles à Jérusalem sont dirigées par les Frères de la Doctrine Chrétienne, ces admirables instituteurs de la jeunesse. (*Bravo !*) Les Frères ont 230 à 250 élèves et quoique ces enfants ne trouvent en cette école aucun des avantages que les Protestants procurent aux leurs, ils préfèrent cet établissement à ceux des hérétiques. Tous les élèves ne sont pas catholiques : des Grecs et des Turcs — le gouverneur de Jérusalem y a eu ses fils — envoient leurs enfants chez les chers Frères et là, confondus sur les bancs avec les catholiques, ils perdent peu à peu par ce contact le fanatisme sectaire, tandis que leurs maîtres, à force de charité et de dévouement, préparent des retours à la foi que le ciel et la terre béniront. (*Bravo! bravo!*) L'œuvre ne sera complète cependant que lorsque les Frères pourront adjoindre à leur école une sorte d'école normale pour procurer des vocations et former des jeunes gens capables d'ouvrir des écoles à la suite des missionnaires. Mais l'argent manque pour commencer cette œuvre : Où est l'âme généreuse qui voudra s'y intéresser ? Elle ferait beaucoup pour ces enfants et beaucoup pour la France ! (*Bravo !*)

Les Pères Franciscains qui nourrissent de leurs aumônes une partie des catholiques de Jérusalem ont à leur couvent de Saint-Sauveur une école professionnelle de cinquante enfants et le R. P. Ratisbonne, il y a huit ans, en a fondé une à Saint-Pierre où trente enfants, parmi lesquels il y a des Grecs et des Arméniens schismatiques, des Coptes, sont élevés gratuitement.

A Bethléem, un saint prêtre, M. le chanoine Belloni, a fondé les Frères de la Sainte-Famille pour diriger un orphelinat ou école qui contient 230 enfants. Presque chaque jour des curés, des religieux et religieuses de Palestine, de Syrie et d'Egypte écrivent au Directeur pour lui présenter un de leurs protégés : souvent des enfants font un très long voyage pour se présenter eux-mêmes dans l'espoir d'être plus facilement admis, mais faute de ressources, il est impossible de les recevoir, et vous jugez, Messieurs, si ces refus coûtent à un cœur de prêtre, car ne pas recevoir ces enfants, c'est le plus souvent les abandonner entre les mains des Protestants.

Toutefois, dans un pays où il n'y a ni commerce, ni industrie, l'apprentissage offre peu de ressources, tandis que les écoles d'agriculture où l'on recevrait les enfants sortant des écoles, seraient appelées à rendre de grands services. Dom Belloni l'a compris et à Beitgemal, sur un domaine de

900 hectares, dont 600 en terres labourables, il a fondé une ferme école encore à ses débuts... Mais où sont les Trappistes ? où sont les Bernardins ? chassés de France par les ennemis de Dieu, ils ne tarderont pas sans doute à venir en Palestine régénérer ce pays par la croix et la charrue, *Cruce et aratro. (Mouvement.)*

Voilà pour les garçons, voici pour les filles :

Les Sœurs de Saint-Joseph de l'Apparition, aussi simples que pieuses, sont les premières religieuses françaises venues en Palestine pour y tenir les écoles.

Les Dames de Sion, amenées à Jérusalem en 1856 par le R. P. Ratisbonne, ont ouvert un internat qui a sa succursale à Saint-Jean ; dans cet internat sont les filles du gouverneur turc de Jérusalem! Toutes les sœurs forment de bonnes mères de familles. Dans un pays où la femme a tant besoin d'être relevée, les résultats de cette éducation chrétienne se feront de plus en plus sentir. La salle d'asile ouverte à Jérusalem paraît avoir peu de raison d'être, car là où il n'y a ni fabrique, ni usine, ni travail, enlever à la mère le soin et la garde de ses enfants, n'est-ce point la rendre plus oisive et l'habituer à l'oubli de ses premiers devoirs?

Quant aux malades, ils ont été depuis longtemps soignés par les Franciscains et ces religieux distribuent gratuitement des remèdes à tous ceux qui les demandent. En 1874, les Dames de Sion ont fondé également un dispensaire où Chrétiens, Musulmans et Juifs viennent implorer la compassion des religieuses. A l'hôpital Saint-Louis bâti par le pieux et admirable comte Piellat pour remplacer le petit hôpital qui existait chez les sœurs Saint-Joseph, il y a des consultations et des distributions de remèdes gratuites. L'an dernier, l'hôpital a fourni pour 35,000 francs de remèdes.

A Jaffa, un riche lyonnais, M. Guimet, a généreusement fondé un hôpital et, depuis trois mois, il y a une école de garçons tenue par les Frères de la doctrine chrétienne, tandis que l'école des filles est dirigée par les sœurs de Saint-Joseph de l'Apparition. A Caïffa, à Nazareth, à Bethléem, les Sœurs de Saint-Joseph et les Dames de Nazareth élèvent les jeunes filles, relèvent ainsi la dignité de a femme avilie et montrent aux Musulmans ce qu'est une Vierge chrétienne. De leur côté, les Carmélites, appelées à Bethléem par M^me de S. Cricq d'Artigaux, et près de Jérusalem, sur le Mont des Oliviers, par M^me la princesse de la Tour-d'Auvergne, prient et s'immolent chaque jour pour le retour de ce pays de la foi.

Voilà quelques-unes des œuvres catholiques en Palestine. Il faut les soutenir, il faut les développer, car étendre l'influence catholique, c'est diminuer celle des Grecs, qui, vous le savez, Messieurs, sont en Terre-Sainte les antagonistes de notre religion. Or, les Grecs ont demandé et obtenu la protection de la Russie, et la Russie, pour accroître son ascendant, favorise les milliers de pèlerins qui vont au tombeau du Sauveur et élèvent à la porte de Jérusalem d'immenses et splendides établissements. Les Grecs sont riches, les Arméniens sont riches, et avec de l'argent ils sont puissants.

Cependant, Messieurs, et j'arrive ici à un des points les plus intéressants, une partie des Grecs semblerait disposée à revenir au Catholicisme ; il y a eu notamment parmi les Arméniens un mouvement de conversion très marqué, mais la conversion du Grec schismatique est une question nationale, autant qu'une question religieuse. Le Grec ne veut pas abandonner ses anciens rites qui sont pour lui une tradition de race et de patrie ; en un mot le Grec ne veut pas devenir un latin. Le Souverain Pontife ne le demande pas non plus. Jamais les Papes n'ont pensé fondre les Grecs dans les Latins, ils veulent seulement les rendre catholiques et aujourd'hui pour profiter du mouvement qui semble se préparer, des ouvriers sont indispensables. Or, les Grecs unis, c'est-à-dire les Catholiques qui suivent le rite Grec, semblent naturellement indiqués pour devenir les premiers artisans dans l'œuvre de retour, car, par la langue et par le sang, ils sont frères des Grecs schismatiques. Venir en aide aux écoles, aux séminaires, aux missions de ces Grecs catholiques, trop délaissés jusqu'ici peut-être, est donc à l'heure présente, en Orient, un des premiers devoirs.

C'est le vœu du Souverain Pontife et des cœurs dévoués se
se préoccupent de le réaliser. Aussi, comme c'est là une
question religieuse, chère aux cœurs catholiques, et en
même temps, pour nous autres français, une question politique, — car vous ne l'ignorez pas, tout catholique en
Orient est par cela même soumis et dévoué à l'influence française,—vous ne m'en voudrez pas, Messieurs,de vous l'avoir
signalée, afin que, si un jour vous entendiez parler d'appui
à accorder aux Grecs unis, c'est-à-dire aux Grecs catholiques, vous puissiez, avant de refuser votre concours, vous
rappeler ce que je viens d'avoir l'honneur de vous dire,
mais vous ne le refuserez pas. (*Mouvement.*)

Si on augmente le nombre des Grecs unis, on combattra
par cela même les manœuvres du Protestantisme. Au milieu de tous ces cultes religieux qui semblent garder à Jérusalem le tombeau du Sauveur, Musulman, Abyssin,
Copte, Grec, etc., le Protestantisme a voulu depuis peu
avoir une place et même la première place.

Les protestants s'agitent et comme ils ont de l'argent,
beaucoup d'argent, ils bâtissent à Nazareth, à Bethléem, à
Gaza,etc... des temples, des écoles, des orphelinats, des hôpi-
taux ; ils répandent partout des livres et fondent des colonies
agricoles à Caiffa, Kamlech, Jaffa ; dans quatorze ou quinze
autres villes ils ont des écoles : à Jérusalem ils possèdent
vingt établissements et n'avons-nous pas vu la Prusse acheter
au centre de la ville, à deux pas du saint Sépulcre, les
vastes terrains où habitaient autrefois les chevaliers de
Saint-Jean. Ces protestants appartiennent aux diverses sectes
qui les divisent et si vous vous étonnez, et me demandez
comment des chrétiens peuvent aujourd'hui devenir Luthé-
riens, Calvinistes, Anglicans, etc., je vous dirai que l'on
commence d'abord par acheter dans un village la conscience
d'un homme et celle d'une femme pour tenir une école de
garçons et une de filles, afin d'établir ainsi un foyer d'er-
reurs et surtout de calomnies contre l'Eglise romaine, le
Pape, les prêtres. Puis on recrute au besoin des enfants jusque
dans le Liban et un contrat lie les parents pour cinq ans. Pendant cinq ans l'enfant est élevé gratuitement et les parents

sont secourus; si avant ce temps les parents veulent reprendre leur enfant, ils doivent payer un franc par chaque jour
passé à l'orphelinat. Vu leur pauvreté, c'est chose impossible.
Or, au bout des cinq années, ces enfants ne sont pas de fer-
vents protestants, vous le pensez bien ; ils ne croient à rien.
Eux et leurs parents, peut-être, sont devenus des libres
penseurs, des sceptiques, ce phénomène nouveau parmi
les religieuses populations de l'Orient.

A coté du prosélytisme protestant il y a le prosélytisme
juif. Les Juifs s'agitent aussi et comme les protestants ils
ont beaucoup d'argent. Repoussés pour ainsi dire de la
Russie méridionale par les événements de l'année dernière,
ils arrivent nombreux en Terre-Sainte et s'établissent surtout à Tibériade, à Jafet et à Jérusalem. Sans doute ils sont
divisés en orthodoxes et en libres penseurs de l'*Alliance
universelle israélite*, mais la haine les réunit tous contre
le catholicisme. De grands banquiers juifs d'Amérique et
d'Europe ont déjà élevé des constructions à la porte de Jérusalem et en ce moment ils offrent des millions au gouverne-
ment ottoman pour obtenir la concession des plaines fer-
tiles qui s'étendent entre les montagnes de l'ancien pays de
Moab, là où déjà le Patriarche de Jérusalem a commencé
des missions condamnées ainsi à périr.

Vous le voyez, Messieurs, il y a en Terre-Sainte de grandes
causes de tristesse, mais aussi il se rencontre des motifs
d'espérance : il y a une action catholique à étendre, il y a
à restreindre l'action des Grecs par leur réunion au moins
partielle au catholicisme, il y a à combattre l'action funeste
des Protestants et des Juifs. C'est un devoir que beaucoup
de pèlerins auront sans doute compris et leur attention se
portera plus que jamais sur les questions et les œuvres
religieuses qui, en Orient comme partout, doivent décider
de l'avenir. (*Approbation.*)

Le pèlerinage populaire à Jérusalem donnera ce premier
résultat : il en produira d'autres.

J'ignore quels seront ses effets dans les âmes, si la piété
des pèlerins sera plus ardente et leur dévouement plus géné-
reux, mais ce que je sais, c'est que, s'il y a des chutes, il y

aura des remords et des rélèvements, car là-bas, au Calvaire,
les intelligences ont été éclairées et les cœurs ont été émus.
(*Applaudissements.*)

Quel que soit l'effet sur les âmes des Pèlerins, il est certain que l'impression produite sur les populations d'Orient
par le pèlerinage a été puissante. En Occident et même dans
notre pays, cet acte de mille français allant prier à Jérusalem
pour l'Eglise et la France, a pu passer inaperçu ou attirer
un instant seulement une attention frivole, mais en Palestine
ce pèlerinage a pris les proportions d'un événement. (*Mouvement.*) Un turc, maître de pension, causant avec un de
mes cousins le vicomte de Romance venu pour visiter son
école, lui disait en parlant des pèlerins : « ils nous ont tou-
chés et on voit bien que ces gens-là sont réellement venus
pour prier. » Un autre musulman disait : « Si c'est là un
pèlerinage populaire que sera celui des nobles francs. »

Ce mot traduit exactement la pensée des habitants de Jérusalem, c'est le témoignage du Consul et de toutes les personnes en rapport avec la population.

Quant aux catholiques, ils se sont trouvés encouragés par
notre présence et ils l'ont bénie. Les Supérieurs des divers
établissements religieux ont bien voulu dire qu'ils ont été
édifiés et que leur position à Jérusalem devra moralement
grandir. « Votre pèlerinage, nous disaient-ils, a eu sous ce
rapport une influence qui se fera sentir longtemps. » Le
Patriarche, un véritable homme de Dieu, Mgr Bracco, le
custode des Franciscains, le R. P. de Ratisbonne, dom
Belloni, étaient unanimes sur ce point et le consul de France
confirmait leur parole. Ce matin même j'ai reçu une lettre
écrite de Jérusalem le 13 juillet où l'on me dit : « L'impression qu'a laissée le pèlerinage a été meilleure encore, s'il est
possible, que nous ne le croyions il y a un mois et demi..,
on ne parle que des français, de leur piété, de leur bonté,
de leur générosité et de leur véritable esprit de pénitence. »

Nous avons donc ouvert en Orient ou plutôt, Messieurs,
Dieu a ouvert par les mille Pèlerins français une brèche où
passera et repassera, chaque jour plus ardent et plus pur, un
souffle catholique (*Bravo! bravo!*), car il est impossible que

ce qui est commencé s'arrête. Ce sont des semences déposées en terre qui germeront et fructifieront.

Ce ne peut être en vain que le *Veni Creator* et le *Credo* ont été chantés au cénacle par les pèlerins venus pour visiter ce sanctuaire ; ce ne peut être en vain que des centaines de messes ont été célébrées en plein air devant des multitudes, sur le mont des Oliviers, sur la colline de Sion, aux bords du Jourdain et dans les campagnes de la Samarie. (*Mouvement.*)

Nous avons d'ailleurs laissé à Jérusalem dans la nouvelle église du Patriarchat, en souvenir de notre passage, cette grande statue de saint Pierre, semblable à celle qui orne la basilique Vaticane : ce sera un signe visible de l'Unité catholique et de l'autorité infaillible du Pape, planté en face des protestants divisés et des Grecs dissidents : c'est donc un gage d'espérance. La statue de Notre-Dame de Lourdes déposée dans l'Eglise de Sainte-Anne, celle de saint Augustin mise à Saint-Pierre dans la maison du P. Ratisbonne, etc., etc., celle de sainte-Philomène à l'*Ecce homo* sont autant de sources nouvelles de grâces ouvertes dans ce pays pour les populations qui viendront y prier. Pouvions-nous oublier le couvent de Saint-Sauveur et l'hospice de Casanova où les Pèlerins ont été, comme du reste ils l'ont été partout, au Patriarchat, chez les Frères, à Saint-Pierre, à l'hospice autrichien, etc., si cordialement accueillis ? à Saint-Sauveur on a placé une statue du Sacré-Cœur, à Casanova celle de Benoit Labre, le patron des pèlerins, devenu pauvre jusqu'à aimer la plus repoussante misère, afin sans doute d'expier d'avance les raffinements de sensualité d'un siècle corrompu et de mettre en honneur le sacrifice dans un temps où la lutte suprême s'engage entre ceux qui reconnaissent le devoir de souffrir et ceux qui réclament le droit de jouir. (*Applaudissements.*)

Je vais terminer, Messieurs, car vous savez à présent, ou plutôt je vous ai rappelé ce que les pèlerins à Jérusalem ont voulu, je vous ai dit également comment, après avoir vu l'influence catholique disputée, amoindrie par l'influence rivale des Grecs, des Protestants et des Juifs, ils espéraient que leur présence en Orient n'aura pas été inutile. Mais je ne me retirerai pas, si vous voulez bien me le permettre, sans avoir avoué les pénibles pensées qui, à notre retour en France, ont saisi et blessé notre cœur. (*Mouvement.*)

Lorsqu'au lendemain de notre arrivée à Jérusalem, nous demandions quelles précautions il fallait prendre pour ne donner prétexte à aucun trouble, le Consul français conseilla de garder sur les habits la croix signe du pèlerinage, parce qu'elle devait être pour tous la meilleure sauvegarde; et en effet, la croix attachée sur nos poitrines, nous avons circulé à travers les rues de Jérusalem, entourés de tous les respects, j'allais dire de toutes les sympathies. Jamais un cri, un geste, un sourire, qui pût faire soupçonner un sentiment hostile; et en France, à Marseille, afin de ne point fournir une cause ou un prétexte de trouble, comme il y en avait déjà eu, on dut par prudence donner ce conseil, dicté par des défenses antérieures, de ne pas descendre du vaisseau avant d'avoir fait disparaître nos croix. (*Mouvement.*) A Jérusalem, nous avions visité des écoles, et partout le nom de Allah était prononcé avec respect, partout on inculquait aux enfants que Dieu est grand; et en France nous apprenions qu'on avait supprimé de nos écoles l'enseignement du Catéchisme, et que le nom de Dieu en était proscrit. (*Mouvement.*) A Jérusalem, nous avions en toute liberté, avec l'assentiment du Gouverneur, conduit en plein jour nos processions au milieu des foules, déployé nos bannières, fait retentir nos chants sacrés, et en France nous trouvions les processions de la Fête-Dieu défendues : au Souverain Maître du Monde, Créateur du ciel et de la terre, de par l'autorité d'un petit « Monsieur le Maire » le passage dans les rues était interdit. (*Applaudissements.*) Ainsi la tolérance et la liberté nous les avions trouvées en Turquie, et en France.... Ah! je n'achève pas, Messieurs, mais nous avons compris et tristement nous avons baissé la tête. (*Sensation.*)

Il faut la relever cependant, et puiser dans notre délaissement apparent des résolutions viriles, d'indomptables énergies. Le monde se penche sur d'effroyables abîmes : afin de n'y pas tomber, suscitons en nous un de ces mouvements dont parle saint Augustin qui, à la vue des outrages faits à la loi divine par ceux qui ne connaissent pas Dieu, surgissent dans l'âme des chrétiens et corrigent ou réparent alors beaucoup de choses : *motus animi qui multa vindicantur.* Vienne donc en un jour d'épreuve le triomphe de toutes les passions conjurées en ce moment contre l'Eglise et la France, les Catholiques sont prêts : on ne les verra point pâlir. Dieu saura encore rencontrer ses fidèles et trouver ses martyrs ; ils sauveront la Patrie ! (*Applaudissements.*)

Car je garde l'espérance, Messieurs : Je l'ai reçue dans mon cœur et l'ai fortifiée à Jérusalem. « Que de bien il s'opère en France, nous disait-on là-bas, que de foi, que de dévouement ! » En effet, Messieurs, tout ce qui dans notre pays est supérieur par l'intelligence et le cœur est catholique, ou uni aux Catholiques, pour revendiquer contre nos oppresseurs la sainte liberté de Dieu et de la vérité. Si, pour la première fois peut-être dans l'histoire, on se trouve en présence d'un fait inouï, à savoir : le désaccord entre les idées soutenues, revendiquées par les classes élevées de la société, et les actes que cette société subit, ce désaccord anormal ne peut durer, il est contre toute logique, et de notre patrie, comme Polyeucte en parlant de Pauline, nous ses enfants, nous pouvons dire à Dieu en un cri sublime :

> De vos bontés, Seigneur, il faut que je l'obtienne
> Elle a trop de vertus pour n'être pas chrétienne !

Je n'ajoute plus qu'une considération sur un sujet où il serait facile de les multiplier. Puisse la cause de l'Église et de la France en Orient être aussi présente à notre esprit que la cause de l'Église et de la France en Occident. Ce que nous ferons pour l'Orient, pour les peuples vivant autour de la crèche et du tombeau du Christ, sera profitable par voie de reversibilité à l'Occident et à la France ; de même, Messieurs, que si vous releviez un jour en France notre antique foi, vous serviriez puissamment en Orient, à Jérusalem, les intérêts de Dieu. (*Mouvement.*) Ne l'oublions pas d'ailleurs : il y a ici un problème politique dont les termes sont démontrés et dont la solution touche même les plus sceptiques en religion : Tout ce qui se fait en Syrie par et pour les catholiques tourne nécessairement au profit de l'influence française ; tout ce qui se fait en Syrie par et pour les Grecs schismatiques tourne nécessairement au profit de l'influence russe ; tout ce qui se fait en Syrie par et pour les protestants tourne nécessairement au profit de la double influence anglaise et allemande. La réciproque est aussi exacte : il n'y aura jamais en Orient de politique française si elle n'est catholique. (*Approbation.*) Or, l'influence grecque et la propagande protestante ayant pris depuis quelques années une extension considérable, il est temps d'aviser et que les catholiques, en suivant les généreuses traces du Patriarche et des Franciscains, prennent aussi la Syrie pour champ de leur apostolat. (*Approbation.*)

Puissions-nous donc, Messieurs, être épris pour les lieux saints de cet enthousiasme fécond qui électrisa l'Europe au moyen âge. Au IX<sup>e</sup>, au X<sup>e</sup> et XI<sup>e</sup> siècle, de nombreux pèlerinages populaires ont précédé les croisades et, vous le savez, c'est de l'effet produit sur les pèlerins par l'état déplorable de la chrétienté en Terre-Sainte, qu'est née cette agitation populaire et ce mouvement de généreuse indignation dans toute la société, dont Urbain II et Pierre l'Ermite furent les échos, plus encore que les inspirateurs. Eh bien, la question d'Orient sera près d'être résolue selon la vérité et la justice, le jour où la France catholique reprendra le chemin de Jérusalem et, entraînant après elle tout l'Occident, arborera la croix plus haut encore que l'épée. (*Applaudissements.*)

Messieurs, les pèlerinages continueront, et les croisades recommenceront. Seulement ne vous effrayez pas..... je parle de croisades pacifiques, car ce sont les idées qui gouvernent le monde. Qu'il y ait donc dans tout l'Occident une croisade de prières et d'œuvres en faveur de l'Orient. L'action et la prière n'est-ce point la recommandation du Souverain-Pontife ? La foi se ranimera dans ces contrées, lorsque nous irons enflammer la nôtre au tombeau du Sauveur.

Là est la raison d'être, raison lumineuse et providentielle de ces pèlerinages qui, à l'exemple du pèlerinage populaire de Pénitence que nous venons d'accomplir, iront à Jérusalem prier Dieu pour l'Église et pour la France. (*Applaudissements réitérés.*)

PARIS. IMP. V. GOUPY ET JOURDAN, RUE DE RENNES, 71.